SECONDE LETTRE

AUX ÉLECTEURS

DU DÉPARTEMENT DE L'ISÈRE.

SECONDE LETTRE

AUX ÉLECTEURS

DU DÉPARTEMENT DE L'ISÈRE,

Par M. GRÉGOIRE,

ANCIEN ÉVÊQUE DE BLOIS.

PARIS.

A LA LIBRAIRIE CONSTITUTIONNELLE

DE BAUDOUIN FRÈRES,

RUE DE VAUGIRARD, N° 36.

1820.

SECONDE LETTRE

AUX ÉLECTEURS

DU DÉPARTEMENT DE L'ISÈRE,

Par M. GRÉGOIRE,

ANCIEN ÉVÊQUE DE BLOIS.

———

Messieurs,

Dans notre gouvernement représentatif, chaque département exerce une portion des droits de souveraineté nationale, lorsqu'il appelle des citoyens à l'auguste fonction de le représenter dans la Chambre des députés. Les titres que doivent produire les électeurs, les éligibles et les élus, pour constater leurs droits respectifs, étant déterminés par la Charte, violer ou usurper ces droits, lorsqu'on a juré de les maintenir, est un parjure et un attentat de haute trahison.

Quand vos suffrages me décernèrent la mission la plus honorable, je ne l'aurais pas acceptée, si je n'avais consulté que mon goût pour la retraite ; car tout présageait une lutte prochaine entre les défenseurs de la nation et les défenseurs des priviléges ; mais le refus de rentrer dans une carrière que j'avais parcourue pendant plusieurs années, m'eût assimilé, disait-on, à tant de lâches, à tant d'indifférens qui ont fui ou déserté les drapeaux de la liberté.

Trop accoutumé aux orages, pour les craindre ; trop attaché à la patrie, pour lui préférer mon repos, lorsque mes forces physiques et morales permettaient encore des sacrifices, j'acceptai votre confiance.

Vous connaissez spécialement les intrigues, ourdies par ordres supérieurs, qui ont précédé, accompagné et suivi l'élection ; si la responsabilité des agens du pouvoir n'était pas illusoire, ces trames suffisaient pour motiver un acte d'accusation contre quiconque s'est ainsi criminellement immiscé dans ces choix qui doivent être essentiellement libres et indépendans.

Le ministre Walpole prétendait avoir le tarif des consciences parlementaires. Son budjet de corruption se composait sans doute de guinées, de places, de *sinecures* à distribuer. La science de Walpole n'est pas descendue dans sa tombe ; il a, sur le continent européen, des légataires dont il importe de surveiller la conduite, sans perdre de vue celle des affidés et commensaux, leurs apologistes.

Le foyer principal des intrigues liberticides est Paris. Le télégraphe, devenu quelquefois auxiliaire de l'instrument des supplices, n'envoie pas toujours la mort sur les rives du Rhône et de l'Isère ; ce *messager d'État*, d'invention récente, sert aussi pour transmettre des nouvelles, qui perdent leur couleur native en traversant le prisme ministériel : par-là ont été dénaturés des détails relatifs à votre quatrième député ; la connexion intime de cette affaire avec la cause publique, oblige celui qui en est l'objet à parler de lui-même. Cette tâche est toujours pénible et délicate ; il invoque, à l'appui de son exposé, le témoignage et la conscience des hommes impartiaux.

Tout raconter serait impossible ; on se perdrait en d'innombrables détails ; la notoriété des faits est insuffisante dans certains cas, pour suppléer à la preuve judiciaire ; les plus importantes révélations ne pourraient donc être livrées à la presse, que par-delà le Pas-de-Calais ou l'Atlantique. Il faut les réserver à la postérité, qui ne sera pas frustrée de son patrimoine ; combien d'hommes, aujourd'hui préconisés, n'échapperont pas à l'inflexibilité de l'histoire !

L'espionnage, ancienne industrie qui, dans nos temps modernes, semble avoir atteint sa perfection, est le grand moyen politique des hommes d'État à vues étroites, qui se croient de sublimes personnages, parce qu'ils sont arrivés au sommet de la faveur et de l'opulence ; des vexations, des tracasseries leur paraissent des combinaisons profondes. Tels, assurément, n'étaient pas Suger, Sully, Turgot, Malesherbes.

Travestis sous tous les costumes et toutes les formes, même celles de la religion, de l'amitié et de l'urbanité, des Argus de tout rang, de tout sexe, infestent les lieux publics, assiégent nos demeures, comptent nos pas, étudient nos attitudes, nous questionnent et recueillent nos discours ; et si une tourbe avilie d'espions français, moins vils cependant que ceux qui les emploient, paraît insuffisante, on ira leur chercher des adjoints sur les bords du Rhin, de la Sprée et de la Tamise ; ceci n'est pas une hypothèse.

Combien il est affligeant de voir des gens de lettres s'associer à ce rôle ignominieux, le dernier terme de la dégradation ! Les précepteurs du genre humain en sont rarement les modèles. Le ciel aurait-il permis cette profanation, pour faire sentir combien les talens sont inférieurs à la vertu ? Une valetaille lettrée forme , dit-on, une espèce de mobilier permanent de plusieurs ministères. Dans les Antilles, quelquefois des colons inhumains achetèrent, à Cuba, des meutes disciplinées de chiens dévorateurs de noirs ; non moins horribles sont ces meutes littéraires, organisées dans l'Europe, et surtout en France. Leurs plumes vénales sont les poignards aiguisés pour égorger les victimes qu'on leur désigne. Les limiers de la capitale donnent le signal de la curée ; il est répété par toutes les gazettes , rédigées dans des antichambres de préfectures , et par les libelles des factions. Qu'un homme , le plus sensible aux infortunes de ses semblables , dont le cœur s'épanouit toujours en leur faveur, ait , pendant un demi-siècle , sacrifié à la défense des malheureux son temps , sa bourse, sa plume et tous ses moyens , les gagistes-lettrés en traceront un portrait horrible ; leurs efforts simultanés et infatigables parviendront à égarer momentanément tous ceux qui , sur la parole de la partie adverse , trouvent plus commode de juger, d'assurer, de répéter, que d'examiner.

Empêcher l'élection d'un candidat de votre choix , et, faute de réussite , obtenir sa démission ; ou enfin prononcer arbitrairement son exclusion , tel était, sans doute , pour quelqu'un , le gage d'une haute faveur, et pour tous l'heureux présage d'un commencement de succès dans la criminelle entreprise de ravir aux Français toutes leurs garanties. Voici comme on peut traduire ce complot d'une coalition bien connue :

« Durant plusieurs mois, nous avons épuisé contre lui notre immense répertoire d'injures , de calomnies ; ces électeurs de l'Isère sont des hommes qu'on ne peut tromper, corrompre, séduire, ni intimider : le voilà élu. S'il avait fait la moindre démarche pour obtenir leurs suffrages, nous aurions à broder un canevas merveilleux ; mais tout le département nous démentirait.

Si, du moins, un écart de conduite privée, si quelque désordre avait entaché sa vie ; mais, dévoilée toute entière, elle défie la médisance, et il est des cas où le mensonge doit affecter une sorte de pudeur.

Dans sa carrière politique, les vrais amis de la liberté le rencontrèrent toujours sur leur route ; mais jamais il ne marcha sous la bannière de personne, il fut toujours *lui*.

Cherchons dans ses discours d'autres moyens de le dénigrer :

Lorsque le général Bouillé menaçait de venir à Paris, et de ne pas y laisser pierre sur pierre ;

Lorsque le duc de Brunswick aborda le territoire français avec son féroce manifeste rédigé par un Émigré ;

Lorsque dans le cabinet du Stathouder, on trouva le jugement *vehmique* rendu contre les députés constituans qu'on avait résolu de *pendre*, de *rouer* ou d'*écarteler* ;

Lorsqu'un homme, élevé depuis à un poste éminent, invoquait la guerre civile, et demandait les têtes de ceux qui avaient assisté à la séance du Jeu de paume ;

Lorsque, trahie par ses propres enfans, déchirée dans son intérieur, et assaillie par vingt gouvernemens de l'Europe ameutée, la France était réduite à déployer toutes ses forces ;

Plusieurs fois M. Grégoire soutint ou ranima le courage, par des discours dont la véhémence nous blesse, quoique assurément moins despectueux pour la royauté que la lettre écrite jadis à Hériman, évêque de Metz, par le pape Grégoire VII (1), que Rome a canonisé, et dont la sainteté est préconisée par nos ultramontains. Rattachons ces phrases à des extraits mutilés d'écrits qui lui sont imputés faussement, ou qu'on a dénaturés, que toujours son cœur et son esprit ont repoussés, que sa plume a désavoués, que sa conduite a démentis : en cumulant le tout, sans tenir aucun compte des dénégations, des désaveux, des preuves et des actes contraires, nous crierons à tue-tête, *au régicide !*

À la vérité, les monumens historiques déposent contre notre assertion : ses ouvrages imprimés attestent jusqu'à l'évidence qu'il demanda la suppression de la peine de mort, et que Louis XVI, le premier, profitât du bénéfice de la loi (2); qu'il était absent lors du jugement, et que, dans cette lettre écrite de Chambéry, où ses collègues avaient inséré la demande de condamnation *à mort*, il exigea la radiation de ces deux mots, qui furent et qui demeurent effacés (3), parce que infliger la peine capitale était contraire à son avis : comme député il ne le voulait pas, comme ecclésiastique il ne

---

(1) Grégoire VII, dans cette lettre, franchissant toutes les bornes de la raison, s'oublie au point d'attribuer au diable, oui au diable, l'origine des monarchies et des principautés. V. Labbe, Concil., t. 10, lett. de Grégoire VII, l. 8, Épist. 21, p. 269. Est-ce là un *ultra ?* Avant de renier leur Maître, les Apôtres, trop ardens aussi, avaient voulu foudroyer une ville entière, et l'Homme-Dieu, à cette occasion, traça le modèle de l'indulgence que les chrétiens doivent aux paroles, non pas seulement après vingt-cinq ans, mais à l'instant même qu'elles seraient proférées. (Voyez Evang. S. Luc, chap. 9, v. 52-56.)

(2) V. son discours imprimé, du 15 novembre 1792.

(3) V. cette pièce aux archives de l'ancien hôtel Soubise.

le pouvait pas. Ces faits, tant de fois publiés et répétés, ne sont pas contestables. Eh! qu'importe? Imprimons tous les matins qu'il est régicide, suppléons aux raisons par la surcharge et l'âcreté des épithètes; la répétition tiendra lieu de preuves : nous aurons pour échos, non-seulement nos journaux salariés, mais encore les gazettes composées sur les bords de la Seine, qui s'impriment sur ceux de la Tamise et du Danube; c'est un moyen de plus d'intéresser, d'animer les puissances européennes, de leur persuader que la France est menacée d'une combustion dont les flammes pourraient les atteindre; c'est un utile appendice aux *notes secrètes*, par lesquelles, bons et loyaux Français, nous avons tenté de rappeler chez nous les phalanges étrangères, à la suite desquelles nous sommes rentrés, faisant partie de leur bagage. Ces préliminaires le disposeront peut-être à une démission, qui déjà lui est suggérée, comme un sacrifice louable et méritoire : pour l'y déterminer, nous avons employé l'intervention de personnes qui ont eu avec lui des liaisons ; mais il a deviné que les entrepreneurs de démission avaient dîné la veille chez une Excellence: il a des amis qui lui inspirent d'autant plus de confiance qu'ils sont entourés de l'estime générale, mais les circonvenir est chose impossible. Un de nos pamphlétaires, jadis forcené démocrate, avait insinué que si M. Grégoire allait se placer dans la Chambre au côté droit, il faudrait l'accueillir avec respect : tout cela n'a rien produit. Que nous a servi de crier contre les électeurs de la Sarthe, de la Vendée, du Finistère? Les affronts que nous avions projeté de faire l'an dernier à l'ami, au digne émule Washington, se bornèrent à des diatribes menaçantes ; il faut cette fois des mesures plus efficaces : jetons incidemment la pierre à certains élus, à tous fils de votant, et à d'autres tels qu'un parent de Napoléon, un général qui manie habilement la plume et l'épée, un ex-sénateur d'adoption étrangère, libéral imperturbable ; ensuite il nous sera plus aisé de tirer le canon d'alarme sur l'adoptif de l'Isère. Que la France et l'Europe retentissent de malédictions contre lui ; arrivons à ce point de dire, suivant l'expression textuelle d'un ministre, qu'il faut l'exclure, à quelque titre que ce soit, *parce qu'il s'appelle Grégoire.* On ne manquera pas de rappeler qu'autrefois, moins fiers, nous avons mendié humblement la protection, fréquenté les tables, les salons de certains personnages, alors puissans ; qu'à leurs côtés, nous avons siégé dans des assemblées politiques, administratives, judiciaires, quoiqu'ils eussent réellement voté la mort ; que nous avons fêté avec eux le 21 janvier, signé l'acte additionnel, etc., etc. ; tandis qu'aucun de ces griefs ne peut être reproché à M. Grégoire ; qu'ainsi, de notre part, il y a contradiction et fourberie. Eh ! s'agit-il ici de se montrer conséquens et loyaux ? Crions, calomnions ; il en restera *cicatrice.* »

Hommes de bonne foi, dites-nous s'il est exact ce tableau ? Depuis trente ans, toujours harcelé sous tous les régimes, jamais je ne fus autant déchiré que depuis 1814 ; et cependant M. Lainé assurait que dans ce laps de temps, on n'avait pas inquiété M. Grégoire dans son existence, sa fortune, ses honneurs ! Cette affectation d'ignorer ce que tout le monde sait, a déjà trouvé sa réponse dans plusieurs écrits (1).

---

(1) Voyez le *Censeur européen,* 10 décembre dernier ; la *Biblio-*

On chercherait vainement dans l'histoire une époque
où l'on ait réduit en système et montré sans interruption, un acharnement aussi lâche, aussi barbare. Ruses,
flatteries, caresses, impostures, injures, calomnies,
menaces, rien n'a été omis.

Sur un champ de bataille, le guerrier, pendant quelques heures ou tout au plus quelques jours, doit re-
cueillir toutes ses forces pour faire face à l'ennemi ;
mais, depuis six mois, un individu inoffensif, retiré du
monde, anachorète au milieu de Paris, a vu déployer
contre lui toutes les fureurs ministérielles, féodales,
auliques, coloniales, ultramontaines. Des êtres fé-
roces ont reculé les bornes du possible, pour le diffa-
mer et assouvir leur rage.......... Ce dernier mot qui
m'échappe à regret, loin d'être une hyperbole, n'ex-
prime que la simple vérité. Il est donc une classe d'assas-
sins pires que ceux qui cherchent à ôter la vie. Leurs
efforts pour flétrir une réputation ayant échoué, l'é-
gorgement physique ne serait que la suite naturelle de
leurs menaces multipliées, tant écrites que verbales,
auxquelles j'opposerais la réponse de François de Guise
à Poltrot : « Si ta religion te porte à m'assassiner, la
mienne m'ordonne de te pardonner. » Me croira-t-on,
si j'ajoute qu'en appréciant les effets produits sur le
public par tant d'agressions, s'il m'était permis d'écou-
ter les suggestions de l'amour-propre, je n'aimerais
pas à les voir cesser.

Les libellistes ont avoué enfin, dans leurs journaux,
que l'attaque contre l'homme n'était qu'un *heureux*

---

thèque historique, 11ᵉ vol., 5ᵉ cahier, pag. 312 et suiv.; Journal
de l'Isère, 16 décembre.

prétexte, que le prélude à l'attaque depuis long-temps résolue contre l'ensemble de nos libertés , et le premier acte de la tragédie qui doit opérer la destruction finale de la Charte, déjà tant de fois suspendue et blessée. On avait même balancé sur le choix de celui qu'il fallait immoler , jusqu'à ce que, à la majorité de cinq voix, dit-on, fut fixée la préférence sur un vétéran de la révolution qui, dans les assemblées Constituante, Conventionnelle, Législative, etc., sans cesse réclamant les droits de tous , poursuivant les abus, défendant les opprimés , avait sur lui amassé plus de haines ; car plaider la cause de la justice et de la vérité , c'est armer contre soi tous ceux qui sur le vice et l'erreur ont fondé leur existence.

Je persiste à croire , Messieurs, que tous , sans nous en douter , nous avons contribué à payer les libellistes et autres agens , dont on a mis en réquisition les talens et la bassesse, pour injurier , calomnier vingt corps électoraux, et, par-là même , insulter à la *majesté de la nation*. Ceux à qui déplairait cette expression fondée sur la nature des choses , lui feront grâce en la trouvant dans les écrits d'un historien dont, assurément , l'autorité ne peut leur être suspecte (1). Oui, c'est la *majesté de la nation* qu'on outrage, lorsqu'on imprime que la loi est accusée, que la loi est *coupable*, qu'elle est *criminelle;* lorsque, sans preuve, on accuse d'hostilité contre le gouvernement cette classe respectable de citoyens , auxquels est confié le choix de la représentation na-

---

(1) Voyez Éloge historique de madame Élisabeth de France, par M. Ferrand, in-8º, p. 104. Paris , 1814.

tionale. L'imputation est plus odieuse encore , lorsqu'elle attaque un département qui, même sous la terreur de 1793, n'avait pas vu de supplice politique, où le sang n'a coulé que sous la terreur de 1815 et 1816, et qui fut toujours l'un des plus distingués par les lumières, le patriotisme, l'attachement à la Charte et à la loi des élections; loi qui , suivant l'heureuse expression des citoyens de Vizille , est le *bouclier de la Charte*; mais aux yeux des olygarques, cet attachement, Messieurs, est votre crime et le mien.

Lorsqu'ils affectaient un zèle si ardent pour la monarchie , que de constitutionnelle ils veulent rendre absolue; lorsque, parlant de votre quatrième élu , ils disaient : On ne craint pas l'homme, mais la doctrine , ils n'ignoraient pas que sa doctrine politique est consignée dans son ouvrage sur la *constitution française de* 1814, que des éditions multipliées ont répandu dans toute la France, et qui fit éclore, il y a cinq ans , tant de brochures pour et contre. Là, il proclame que chacun, nonobstant sa propre théorie sur l'organisation sociale , est tenu, *par devoir de conscience*, de se soumettre au gouvernement de son pays (1). Ils savaient très-bien qu'il a renouvelé textuellement cette doctrine dans sa première lettre *aux électeurs de l'Isère*.

Oui, nous tous Français , nous voulons cette loi, nous voulons cette Charte avec les principes qu'elle

---

(2) Voy. de la Constitution française, de l'an 1814, par M. Grégoire; 4ᵉ édit., p. 5.

consacre, les conséquences qui en dérivent, les institutions qui protégent tous les intérêts.

Que de choses à rectifier, à réformer, à établir, sont réclamées par le vœu national ! Jury, Code pénal, ordonnances contraires aux lois, lois contraires à la Charte, administration municipale et départementale, responsabilité des ministres et autres agens de l'autorité ; répression des attentats contre la liberté de conscience; persécutions exercées par des prêtres fanatiques; rétablissement de l'appel comme d'abus, si déplorablement suspendu ou même supprimé de fait; fondation illégale de corporations ecclésiastiques; éducation et instruction publique ; obstacles à l'introduction de livres et de journaux étrangers; violation du secret de la poste aux lettres ; abus du droit de contre-seing ; emploi de troupes étrangères; organisation de la garde nationale ; ports d'armes des militaires en temps de paix; traite des noirs clandestinement tolérée ; loteries, jeux publics; levées illégales de deniers ; pensions accordées quelquefois, ou sans titre qui en justifie la légitimité, ou à des hommes qui ont tourmenté la patrie, tandis qu'on les refusait à ceux qui l'avaient défendue et servie, etc.

Tels ne sont pas les objets de réformes désirées par ceux qui, vivant de délations, de libelles, de places parasites ou mal remplies, sonnent le tocsin lorsqu'on menace de leur arracher leur proie. Ces êtres se vantent d'avoir une conscience timorée : songent-ils qu'un traitement immérité est un vol, dans le sens rigoureux de ce mot? n'aperçoivent-ils pas dans cet argent le sang, les larmes, la sueur du père de famille, de la veuve, qui, pour acquitter leurs impôts, ont épargné quelques deniers de misère sur la nourriture et les haillons de leurs enfans ? Est-ce une hérésie politique de dire qu'une nation n'est pas un troupeau qu'on puisse tondre à volonté ; qu'en organisant un état social, c'est pour être gouverné le mieux possible ? Ces vérités inattaquables ne sont que du *jacobinisme* au dire de ceux qui nous ont tant parlé de la *science du pouvoir* , des *mystères de la puissance*, et qui prétendent écarter toute responsabilité par ces mots vides de sens , ou pleins d'un sens pervers.

Tant d'améliorations à opérer ne sont pas sollicitées par ceux qui établirent des catégories ; qui, en 1815, demandaient des *supplices et des bourreaux* ; qui insultaient l'élite de nos guerriers, en les appelant les *brigands de la Loire* ; qui ont fait tant d'efforts pour empêcher qu'on ne dévoilât les attentats sanglans de Nîmes, d'Avignon, de Lyon, de Grenoble ; qui voulaient imposer à la France un concordat désastreux et humiliant ; qui, par des arguties audacieuses sur les divers genres de propriétés, ont jeté l'alarme parmi les acquéreurs de domaines nationaux, paralysé les transactions commerciales , et suscité une inquiétude fixée qui met en stagnation toute la France. Et lorsque la révolution paraît avoir consolidé la liberté et le trône avec elle , ils osent dire qu'ils ne craignent pas la contre-révolution !

On a des volumes sur les *grands événemens par les petites causes :* on pourrait les centupler ; car presque toujours , des motifs dignes de pitié amènent les subversions qui changent la face des États. Les désastres de la fortune sont, pour bien des gens, moins douloureux que les sacrifices de la vanité ; et combien d'entre eux se consoleraient de la perte de leurs biens, si les hochets qu'ils regrettent, n'excitaient partout un rire inextinguible , s'ils pouvaient du moins exiger comme un droit, l'humble salut du vassal, la litre armoriée , le goupillon , le banc seigneurial , etc., etc.

La féodalité, l'une des grandes calamités des nations, reçut en France , le 4 août 1789, une atteinte mortelle ; des nobles, les premiers , eurent la gloire de porter la serpe dans la forêt des abus. Est-ce notre faute , si la plupart ont ensuite travaillé à relever les arbres abattus ; si, pour seconder cette entreprise, ils ont réclamé l'appui des oligarques de toute la terre ?

Veuille le ciel multiplier les hommes pieux, mais qu'il nous préserve à jamais du pharisaïsme et des faux dévôts ! De viles passions sont toute la religion de beaucoup de gens, prétendus religieux. Elles ont fait éclore ces troupes de Chevaliers du *trône et de l'autel* qui ont improvisé, non la piété, mais de petites pratiques qui en sont le vain simulacre. Par-là, s'est fortifiée l'union entre les *zélotes* de la féodalité et les *zélotes* des biens , des profits et de la domination du clergé ; mais quel clergé ? Serait-ce celui qui, dès l'aurore de la révolution, sans déroger à la foi catholique, lia son existence à celle de la patrie , et proclama l'*alliance*, vraiment *sainte*, du christianisme avec la liberté ? Le mérite des services qu'il a rendus à l'État n'est point affaibli par un excès de reconnaissance ; car, depuis vingt-cinq ans , et surtout depuis 1814, sauf quelques rares exceptions, il est en proie à des vexations, dirigées spécialement contre un évêque, rappelé par vous aux fonctions législatives. Ses ennemis les plus implacables (c'est l'opinion générale), sont dans un clergé anti-gallican, et chagrin, peut-être, de ne voir aucun de ses membres à la Chambre des représentans , quoiqu'assurément il y compte de fervens protecteurs.

J'ai combattu, et je me propose de combattre encore les doctrines attentatoires à l'autorité temporelle, autant qu'à la religion même et à la paix publique ; mes vœux et mes soupirs rappelleront sans cesse les saintes et imprescriptibles règles de l'antiquité chrétienne, justement appelée l'âge d'or de l'Église. Je gémis de voir l'auguste religion, souvent défigurée par des trivialités et des momeries qui la rendraient méprisable, par des maximes serviles qui la rendraient odieuse, si elle-même pouvait l'être. Qui ne serait affligé, lorsque le ministère sacré se change en moyen d'oppression, en instrument de cupidité ; lorsque par de brusques palinodies, les mêmes bouches font retentir nos sanctuaires d'adulations et d'imprécations, envers les mêmes personnages ?

O vous, ainsi que moi, revêtus du sacerdoce, qui, dans une foule de libelles, la plupart anonymes ou pseudonymes, d'auteurs trop connus, m'avez impitoyablement déchiré ; catholiques exclusifs, ne vous suffit-il pas de damner vos frères, sans les haïr ? Les premiers chrétiens, dit l'Écriture, n'étaient qu'un cœur et qu'une âme : quel contraste avec votre conduite persévérante ! Dieu apprécie l'amour qu'on a pour lui par celui qu'on porte aux hommes. Cet amour est le lien qui unit le ciel et la terre, et là où n'est pas la charité, là n'est pas la vérité. Pour moi, résolu de toujours fermer mon esprit à l'erreur, et d'ouvrir sans cesse mes bras aux errans, jamais l'animosité n'eut accès dans mon âme : je me sens la volonté, et Dieu aidant, j'aurai la force de pardonner plus d'outrages qu'on ne saurait m'en faire.

On peut se féliciter d'avoir pour détracteurs des hommes qui, la plupart, se sont prosternés dans les anti-chambres directoriales, impériales et royales; qui, caressant tous les partis, et donnant toujours la main au triomphateur, expient un centième acte de servilité, par des servilités en sens contraire. Le Janus de la mythologie n'a que deux faces; eux en ont pour tous les événemens. Combien d'entre eux ont tour à tour encensé et conspué la même idole !

Tel peut vous montrer ses contrats de mariage, signés par deux dynasties ;

Tel autre, les dédicaces qu'il leur a humblement adressées ;

Il y a tel qui me reproche de ne pas manifester un attachement assez vif pour la Charte, et qui l'a repoussée autrefois en ajoutant : Si Dieu n'avait pas défendu le suicide, aux Chambres, comme aux individus, la France n'aurait pas de constitution (1) ;

Tel qui, possesseur de vastes domaines, a trouvé moyen de se faire exempter de contribution foncière, et de rejeter le fardeau sur ses voisins (2) ;

Tel qui, en 1793, portait triomphalement le costume cynique ;

Tel qui publiait des poésies obscènes ;

Tel qui proposait d'égorger des émigrés que la tempête avait jetés sur nos côtes ;

Tel qui, dans un club du département du Doubs, offrait à un assommeur son couteau, pour aider, disait-il, à égorger quelques aristocrates ;

Tel qui perçoit un traitement sur les fonds recueillis dans les sentines de la débauche ;

---

(1) Voy. Constitution de la Nation française, par M. le comte Lanjuinais; in-8°. Paris, 1819; t. 1, p. 92.

(2) Voy Bibliothèque historique.

Tel qui.... la plume tombe de ma main : il est donc des hommes si méprisables.... Vous les connaissez, il ne manque ici que leurs noms qui accourent dans la mémoire, et qui, au besoin, viendraient se placer dans ces lignes. Le crime eut souvent la prétention d'amnistier l'innocence ; voilà ceux qui depuis six mois, toujours rugissans, m'adressent des objurgations, rédigent des homélies, se font prédicans de morale, et parlent d'*indignité*. Le verbe *hypocriser* n'est point admis dans notre langue, et c'est dommage ; il servirait merveilleusement à montrer sous toutes les formes ces tartufes qui s'écrient : Voyez quel fracas a causé votre élection.... Eh ! misérables, qui l'a fait ce fracas ? Vous seuls, par vos invectives, vos parjures et vos impostures, en couvrant du masque de la fidélité et du bien public vos desseins ambitieux.

Des solliciteurs de démission avaient peut-être quelques arrière-pensées, mais il serait injurieux d'élever des nuages sur la loyauté des démarches faites à ce sujet par des hommes auxquels j'ai voué mon estime : une divergence d'opinion se concilie avec des motifs également purs, et l'on ne démêle pas toujours entre ces motifs quel est celui qui nous détermine.

Pour qu'on ne pût m'imputer ni précipitation, ni opiniâtreté, j'ai interrogé la prudence des autres, j'ai pesé, débattu toutes les observations faites à ce sujet : quelques-unes, à la vérité, portent l'empreinte du ridicule et de l'intérêt personnel mal déguisé.

Mais le corps diplomatique, les puissances étrangères.... Eh ! de grâce, n'outrez pas l'absurdité en donnant à moi chétif, une importance que je ne puis ni ne veux avoir. Le délire seul peut supposer que les destinées de la France, que la politique des cabinets sont intéressées à ce qu'un individu soit ou ne soit pas député.

Mais si l'on vous faisait rentrer dans l'Institut, à la fondation duquel vous avez concouru... Eh ! Messieurs, je n'en suis jamais sorti, car une loi ne peut être abrogée par une ordonnance, et, dans la collision, c'est l'ordonnance qui est frappée de nullité. Une vexation ministérielle a pu m'en fermer les portes, ainsi qu'à beaucoup de confrères dont je m'honore de partager l'exclusion et desquels je ne prétends pas m'isoler. Dans l'histoire de la république des lettres, cet ostracisme sera un épisode où le courage et la délicatesse seront relevés par des contrastes flétrissans.

Mais si, pour prix du sacrifice que vous feriez, on vous accordait le retour des proscrits.... Cette idée, je l'avoue, remua toutes les fibres de ma sensibilité ; le motif était si touchant ! Des hommes très-recommandables, espagnols, allemands et autres, ont trouvé chez nous un asile ; mais qui pourrait, s'il n'est de bronze, n'être pas attendri en pensant à nos compatriotes jetés sur des rives étrangères, en butte quelquefois aux poursuites de diplomates qui devaient les protéger ; la plupart aux prises avec les rigueurs de la fortune, les infirmités de la vieillesse, et loin du sol natal, traînant une vie de douleurs ? mais une démission serait un fait positif et actuel ; la rentrée des proscrits, un futur contingent. Toute promesse est un engagement qui lie la conscience ; qu'elle soit faite à Hartwel, à Cambrai, à St.-Ouen, rien n'en dispense ; si la parole d'un Roi doit être sacrée, celle d'un ministre devrait avoir le même caractère ; mais l'instabilité de sa place , l'infidélité de sa mémoire, etc. , exigeraient quelques garanties, sans lesquelles je craindrais qu'une promesse éventuelle ne fût exécutée à peu près comme la capitulation de Paris.

Les instances et les tiraillemens se sont prolongés sans interruption jusque pendant la séance du 6 décembre inclusivement. A l'insuffisance des raisons alléguées pour arracher ma démission , se joignait la considération que , parmi les plus ardens solliciteurs, plusieurs méditaient de remettre en problème toutes les conquêtes de la justice et de la raison contre les abus de l'ancien régime ; ma démission, disais-je, serait un outrage aux électeurs de l'Isère ; les lettres qui affluent chez moi des départemens , attestent qu'elle porterait le découragement dans les corps électoraux , et chez tant d'hommes qui , trop peu fortunés pour se placer dans le rang des électeurs, ne sont pas moins qu'eux, riches en patriotisme.

La force d'inertie dans laquelle j'étais retranché, attisait la colère de mes ennemis , contraints d'assumer toute entière une responsabilité dont ils auraient voulu me faire partager le poids ; cette calme résistance est ce que l'un d'eux appelait *obstination à frapper à la porte de la Chambre pour y entrer*.....

Je savais d'ailleurs qu'en désespoir de cause, mes ennemis , changeant de batterie, se proposaient d'attaquer la nomination comme illégale , en contestant à M. Sapey son domicile politique dans le département de l'Isère, et en le plaçant au nombre des externes , ce qui frapperait de nullité la quatrième nomination. Sans examiner si ce projet était une triste composition avec la puissance , je sentais qu'abdiquer un titre , supposé caduc , eût été une absurdité. Je savais encore que par le tumulte , au défaut de raisons , quelques furibonds devaient escalader la tribune , crier à l'indignité d'un homme qui, dans des postes éminens , a long-temps défendu , non sans quelques succès , les intérêts de la nation , et qui , tout-à-coup , se trouverait transformé en *indigne*. Si , dans l'espoir de prévenir cette explosion , j'avais abdiqué ; si , par cette lâcheté , qui eût été la première de ma vie , j'avais compromis les droits et les intérêts nationaux , un juste mépris poursuivrait ma vieillesse et pèserait un jour sur ma tombe. Dès qu'on rencontre le principe moral et la règle du devoir, il faut s'y fixer , dût-on en prévoir pour soi-même les plus fâcheux résultats ; c'est le seul moyen de s'épargner des remords.

Quand la haine d'un parti ne peut se couvrir par les formes légales , souvent elle a recours à la violence et aux coups d'État , éternelles excuses de toutes les tyrannies. C'est une belle chose que les coups d'État , par lesquels on s'efforce de justifier le présent , et l'on prépare l'avenir. Cependant un homme qui a concouru à celui du 6 décembre , assurait le 24 du même mois , que ces mesures violentes , en procurant un succès éphémère , affaiblissent promptement l'autorité , et en amènent la ruine (1). Elles sont enregistrées dans nos annales , les époques des 31 mai , 18 fructidor , etc. Avant le 31 mai , pendant trois mois , les journaux (précisément comme cette année), vilipendaient des députés conventionnels , qui , au péril de leur vie , défen-

---

(1) M. de la Bourdonnaye.

daient les opprimés. Pendant trois mois, des factieux colportèrent et mendièrent dans Paris des signatures pour faire chasser des amis des lois ; on réussit, et vous savez, Messieurs, quelles calamités suivirent la proscription de ces *indignes*, de ces *mandataires* appelés *infidèles*, dont aujourd'hui plusieurs, dans les deux Chambres , honorent la nation (1), tant il est vrai que ces clameurs de prétendue indignité dans les élus à la représentation nationale sont subversives des lois , et n'appartiennent qu'au langage des factions.

Le coup d'État , déguisé, du 6 décembre , devait réussir d'autant mieux , qu'il était provoqué par deux partis opposés qui , au besoin, se réunissent pour faire triompher les abus.

Au milieu des introuvables de 1815, sous une forme nouvelle , reparaît la fameuse *montagne* de la Convention , même langage, même fureur. La livrée seule est différente ; chaque nuit ils sauvent la monarchie , comme tous les soirs les jacobins sauvaient la république. Il serait curieux de savoir combien d'entr'eux se sont affublés de certain bonnet , ont adhéré à la fin tragique de Louis XVI et à l'anniversaire du 21 janvier , présenté à Napoléon des adresses adulatrices, signé l'acte additionnel , etc. Des révélations ont été faites à cet égard ; d'autres les suivront, si les patriotes portent un œil scrutateur sur certaines archives et sur des personnes intéressées à occuper l'attention publique d'événemens qui fassent diversion à leur propre conduite.

Nos *montagnards* blancs sont à leur poste. Les tribunes ont été composées à l'avance , autant qu'il

____

(1) M. Lanjuinais, M. Daunou, etc.

était possible, d'une manière analogue à la scène pro-
jetée ; le drame va commencer. L'illégalité vraie ou
prétendue devrait être discutée avec un calme solennel,
mais elle n'est qu'un accessoire ; le rapporteur y joint
un appel à la haine. Soudain la détonation éclate, et
grâce à MM. Lainé, Marcellus, la Bourdonnaye et
d'autres, parlant, gesticulant avec l'air et l'accent des
Euménides, on croirait assister à certaines séances de
la *Convention.* La loi des suspects de 1793, améliorée en
1816 et 1817, n'établissait que des préventions ; ici,
par un progrès rapide de *suspect,* on est devenu *indigne.* Des énergumènes, criant au régicide, mentent
sciemment à leur conscience. Mais que dire à des
hommes ivres , car la fureur est une ivresse ? Ils
ont reproché à la Convention son incompétence
dans un procès fameux, et ils ont *jugé* dans leurs
proscriptions de 1816 ; et ici, accusateurs et juges dans
une affaire qui est hors de leurs attributions , ils lancent
courageusement l'anathême sur un absent. La compa-
rution et l'interrogatoire des prévenus , au tribunal
révolutionnaire, n'étaient guères que des formes déri-
soires ; mais comme tout se perfectionne ! à la séance
du 6 décembre, il n'y a pas même de forme. Au milieu de ce vacarme effroyable et scandaleux, des hommes , pour qui vociférer, c'est raisonner, proclament
que M. Grégoire n'est pas *admis ;* est-ce pour illégalité
ou pour indignité ? Quel est le sens de cet oracle ? le pro-
blême demeure irrésolu ? ce doute qu'il faudra peut-être
éclaircir reste indécis. Le théâtre de cet événement (divers journaux en ont fait la remarque), est la même
salle où, dix-huit ans auparavant, cet *indigne* présidait
le corps législatif qui , dans le cours de deux années

consécutives, l'a trois fois présenté depuis pour être membre du sénat.

Nommé enfin sénateur, malgré le premier consul, qui ne pouvait lui reprocher qu'un manque de souplesse, M. Grégoire, avec un très-petit nombre d'autres *indignes*, luttant sans cesse contre la lâcheté de ce corps et contre le despotisme de Bonaparte, concourut de toutes ses forces à sa déchéance ; ranima par ses écrits l'esprit national ; repoussa l'acte additionnel que la foule signait avec empressement ; défendit ensuite nos libertés ecclésiastiques, contre les tentatives ultramontaines qui rongent sourdement la France, et qui menacent de la bouleverser ; reprit la plume contre la traite des noirs, que l'on recommence ; contre l'inquisition que l'on préconisait dernièrement dans des chaires évangéliques du midi, et se rendit *coupable* d'une foule d'autres *indignités* également *criminelles*.

Plus est respectable la qualité de mandataire de la nation, plus ceux qui en sont revêtus doivent craindre de la compromettre. Leurs opinions sur les affaires publiques, ne les soumettent à aucune responsabilité juridique ; mais une terrible responsabilité morale pèse sur eux, si, foulant aux pieds leur serment, ils montrent à leurs commettans l'exemple du parjure ; si, par un abus révoltant, par une insigne lâcheté, ils déchirent la réputation d'un innocent qui n'est pas là pour repousser leurs traits. L'obligation de souffrir les outrages avec une résignation chrétienne, n'interdit pas de les combattre avec courage ; et j'use de ce droit, quand, défiant des forcenés et leurs complices, de se laver d'impostures, j'imprime sur

leurs fronts la flétrissure ineffaçable d'*infâmes calom-*
niateurs, et après les avoir vus attachés au poteau
de l'ignominie, je les signale à regret, aux Français,
aux nations étrangères, à la postérité.

Si quelqu'un reprochait de l'âpreté à ce langage,
j'invoquerais l'exemple d'un illustre docteur de l'É-
glise. Placé dans la pénible alternative d'être censé
coupable, s'il se taisait, ou d'être réputé ennemi,
s'il répondait, n'étant ni ennemi, ni coupable, Saint
Jérôme, sans déroger à la mansuétude évangélique,
répondit à Rufin d'Aquilée, avec la vigueur de style
qui lui était propre, et qui sied à l'innocence (1).

La justice a pour sœur la charité, et, plus que tout
autre, un évêque doit se rappeler cette parole divine :
Pardonnez-leur, car ils ne savent ce qu'ils font, et s'ils
le savent (ce qui n'est pas douteux), accordez-leur
encore un pardon qui ne les dispense pas de réparer
leurs offenses. Je les plains, s'il leur reste quelque
sentiment de pudeur, si leur âme n'est pas fermée au
repentir, car le remords est un ver rongeur, et, s'ils
n'en éprouvent point, je les plains davantage ; en
aucun cas, je ne voudrais échanger avec eux le rôle
passif de victime, pour celui de sacrificateur. Parmi
les faveurs multipliées, dont la bonté céleste m'a com-
blé, je compte pour beaucoup celle d'avoir pu, quelquefois, faire du bien à ceux qui m'ont fait du mal. Si
mes vœux sont exaucés, cette faveur ne me sera pas re-
tirée.

La séance du 6 décembre, si mémorable par ce qui
a été dit, ne l'est pas moins par ce qui ne l'a pas été.

____

(1) Voy. St.-Heron. Apolog. Advers. Rufin.

On prétend justifier ce silence, en alléguant l'inutilité de parler raison à des hommes entraînés par l'effervescence de la colère ; mais, n'est-il pas à regretter que dès le lendemain la partie saine de l'assemblée n'ait pas débuté par cette apostrophe ?

« Vous avez parlé d'épuration, d'indignité, de régicide, eh bien ! une fois pour toutes (sans discuter même votre compétence), abordons, sans ménagement, ces questions qui amèneront nécessairement celles des *liberticides*, des *populicides*, et la révision complète du grand procès qu'on ose recommencer. »

« Le refus de traiter ces questions ne serait qu'un ajournement qui doit avoir un terme. Il importe à la morale publique, au repos de la nation, que la théorie toute nouvelle de l'*indignité* soit approfondie, et qu'après avoir établi les principes, on les applique dans toute leur étendue. Six cents représentans qui ont reconnu Louis XVI coupable, n'ont différé que sur la nature de la peine. Des millions de Français ont provoqué ce jugement, y ont adhéré par des écrits, des discours, des actes publics ; des millions de Français ont signé l'acte additionnel qui proscrivait à jamais la famille des Bourbons. L'homme que vous poursuivez avec tant de furie, a repoussé cet acte additionnel, et n'a point voté la peine de mort, cela est prouvé jusqu'à l'évidence. Mais ces millions d'adhérens et de signataires, dont on vient de parler, sont à vos yeux nécessairement des *indignes*. Un grand nombre d'entre eux occupent des places législatives, judiciaires, administratives, militaires ; et pour être conséquens il importe d'*épurer* encore les tribunaux, les administrations, les autres autorités : il faudrait *épurer* la cour même.

Les exclus seront facilement remplacés par ces *bons*
Français qui ont porté les armes, qui ont soulevé l'Europe
contre la France, et appelé chez nous les baïonnettes
étrangères. On pourra leur associer des artisans de crimes
accusateurs de phrases, des coupeurs de bourses, des
voleurs de diligence, des chauffeurs de pieds, des assas-
sins à domicile : Sans doute, voilà les *dignes.* »

De tous les coins de la France arrivent des adresses,
pour demander le maintien de la Charte et de la loi des
élections ; mais les signataires ignorent-ils, oublient-
ils que par le coup d'État du 6 décembre la brèche est
ouverte.... ouverte par ceux qui ont foulé aux pieds
leurs sermens? Vous avez cru nommer un député, ce
n'était qu'un candidat, si une faction usurpe les pouvoirs incommunicables des électeurs. Après cela, frap-
pez des médailles pour attester aux races futures l'im-
mutabilité de la Charte, et puis laissez mettre à exé-
cution les manœuvres préparées pour la renverser de
fond en comble. La Chambre, en donnant l'exemple
d'un attentat contre elle-même, a encouragé le ministère
à tout oser, et s'est ôté d'avance le droit de lui opposer
une constitution qu'elle-même n'a pas *respectée* (1).
Après la séance du 6 décembre, on doit être moins sur-
pris de celle du 24, jour auquel les députés, et consé-
quemment la nation, ont été outragés si insolemment.

D'autres examineront si, dans toute assemblée dé-
libérante, la majorité peut exclure la minorité, si
la représentation nationale, par un acte arbitraire,
privée de l'intégralité de ses membres, conserve celle
de ses pouvoirs ; si..... Je n'ai garde de presser les con-

-----

(1) Voy. la *Renommée*, 1er janvier.

séquences de cette mutilation. Des ignorans pourraient croire, et des malveillans feindraient de croire qu'ici l'intérêt individuel est substitué aux intérêts de la patrie. Si un avantage personnel devait les balancer, je le trouverais dans cette exclusion même qui me dégage des devoirs et de la responsabilité attachés à la mission dont vous m'aviez investi. Est-ce pour son plaisir qu'on est député, pour la gloriole de se parer d'un titre? Non. Concourir à l'exercice des pouvoirs suprêmes (et je dois en savoir quelque chose) est un fardeau redoutable à l'homme consciencieux; pour l'alléger, il est un moyen par lequel, depuis trente ans, divers fonctionnaires se sont maintenus dans les hautes autorités, c'est de n'être rien ou de se ployer à tout. Toujours protégés par leur nullité ou leur versatilité, ils ont traversé paisiblement toutes les phases révolutionnaires. Il en est dont on vante la probité comme particuliers; mais dénués de probité politique, ils sacrifiaient sans pudeur au despotisme les trésors de l'État et sa population renaissante.

L'étude des hommes apprend que l'estime est une des choses dont il faut le plus économiser la dépense; les événemens qui viennent d'avoir lieu, sont un cours expérimental, propre à compléter cette connaissance du cœur humain. Il est affligeant de savoir qu'en général, on est entouré de lâches, de fourbes, de pervers; mais par-là s'opère le triage entre la tourbe immonde et les hommes de bien qui se groupent autour des persécutés.

L'année qui vient d'expirer a-t-elle mis fin aux persécutions? L'expérience n'a que trop confirmé le proverbe: *l'offenseur ne pardonne pas.* Cette nouvelle lettre servira de prétexte à une nouvelle explosion , d'autant plus acharnée , qu'on voit les hommes impartiaux et probes couvrir de leur égide celui qu'on croyait avoir foudroyé. En vain ses exemples,ses discours , ses écrits, proclament sa soumission aux lois, le respect au gouvernement, la paix avec tous, la bonté envers tous. Rappelez-vous Laubardemont; chaque mot, chaque phrase seront captieusement disséqués pour travestir et empoisonner le sens de l'auteur. Il est, avec toute la France, un rebelle,un factieux, un ennemi du trône ; car aujourd'hui on est tout cela dès qu'on réclame le maintien de cette loi des élections, de cette Charte jurée, et des institutions qui la défendent.

Ils sont bien à plaindre ceux qui, dans les événemens terrestres, ne voient que le concours fortuit des causes secondes , sans les rattacher au premier anneau de la chaîne éternelle. Dans le siècle dernier, une dame de très-haut parage, ayant en vain épuisé toutes ses vengeances contre un homme vertueux qu'elle abhorrait, s'écriait avec l'accent d'un risible désespoir : On ne pourra donc pas rendre cet homme-là malheureux ! tant il est vrai qu'une bonne conscience est une puissance supérieure à toutes les puissances de la terre. Elles peuvent du corps tirer de la douleur, mais l'âme échappe à leurs tortures. Celui que la fortune ne peut enivrer par ses faveurs, ni abattre par ses rigueurs; celui qui, calculant toutes les chances d'adversité, l'exil, la pauvreté, les cachots, les supplices, a son parti pris pour toutes les hypothèses; celui qui, dans le trajet rapide de la vie, toujours haletant après le bonheur,en place le ravissant espoir au-delà des bornes du temps, peut braver et désespérer les persécuteurs.

Faire aux hommes tout le bien dont on est capable, et attendre d'eux tout le contraire, cette règle de conduite admet sans doute des exceptions qui procurent un plaisir consolant; mais y compter serait illusion, et décèlerait un zèle intéressé.

L'ingratitude accuse les hommes et les peuples; mais la mesure de leur reconnaissance n'est pas celle de nos devoirs. Aimer nos semblables, quelles que soient leur couleur, leur origine, leur religion; plaindre ceux qui sont, ou que nous croyons dans l'erreur, mais leur faire du bien, rien ne dispense de cette obligation qui devient plus étroite encore envers la société; le patriotisme peut-il être autre chose que la charité, dont le mérite s'augmente à mesure que s'étend le nombre des individus qui en sont l'objet?

Ces réflexions, dans lesquelles le cœur se complaît, m'entraînent. Je les adresse à cette jeunesse qui, imprégnée de la sève de la liberté, promet de conserver, d'accroître et de transmettre aux générations suivantes, un héritage dont la conquête nous a coûté si cher. Quels que soient les événemens recélés dans le sein de l'avenir, n'oublions pas qu'en défendant nos droits, nous défendons également ceux de la postérité envers laquelle nous avons des devoirs à remplir; car (je l'ai dit ailleurs), elles sont aussi de la famille, ces générations qui sont encore dans le néant, et qui arriveront à la vie quand nous dormirons dans le tombeau. Nous stipulons, même pour les nations étrangères, qui, autrefois avec jalousie, aujourd'hui avec une effusion de sentimens fraternels, attendent l'issue de la lutte, dans laquelle l'imprudence et la mauvaise foi viennent de nous engager.

Il m'échappe de dire, que je redoute une conspiration européenne contre la liberté ; mais les peuples sont debout , tenant à la main la Charte de la nature et de la justice. Un mouvement général est imprimé aux esprits dans les deux mondes. Les vertus , le courage , les lumières peuvent rendre à notre vieille Europe tout l'éclat de la jeunesse ; cette heureuse métamorphose s'opérerait sans secousse et sans subversion réelle ni personnelle , si les gouvernans n'étaient la plupart en arrière de leur siècle ; si, connaissant mieux leurs véritables intérêts , ils s'identifiaient avec les peuples ; si une éducation plus solide , faisant marcher de front avec les développemens de l'intelligence, l'éducation trop négligée du cœur, écartait les dangers de la licence qui serait le tombeau de la liberté ; si le caractère national, auquel, souvent, on a reproché, non sans fondement, d'avoir dans ses opinions l'instabilité de la mode , abjurant ses formes fugitives , unissait 'enfin à la sagacité , pour saisir les vrais principes , une persévérance imperturbable à les défendre. Ce manque de caractère dans des hommes en place , est toujours une calamité.

Messieurs les Électeurs, une partie des faits que j'ai placés sous vos yeux vous sont déjà connus par les journaux et la rumeur publique ; mais cette connaissance est altérée, peut-être , par les passions qui dénaturent toutes choses. Vous exposer, avec franchise , ma conduite, c'est acquitter un devoir. Vous jugerez si, en opposant une inflexible résistance aux tentatives faites pour obtenir ma démission, j'ai répondu, autant qu'il était en mon pouvoir, au mandat que j'avais reçu de vous. Eussé-je erré en adoptant ce parti , une erreur involontaire ne ternirait pas la pureté de mes intentions.

Dans le cours de ma vie, j'ai fait provision de souvenirs consolans et honorables. Ce trésor s'est accru par votre choix. Un coup d'État m'écarte du poste où d'autres, avec plus de talent et non avec plus de zèle, défendront les droits de la grande famille et ceux d'une contrée qui, l'une des premières aux yeux de la France, fit briller le flambeau de la liberté. Fasse le ciel que ce coup d'État ne retombe pas sur ses auteurs, et qu'il n'aggrave pas le sort de notre malheureuse patrie! Mais ils ne sont point rompus les liens d'estime et d'affection qui m'unissent à vous. Par votre organe, je transmets ces sentimens à vos concitoyens. Les lieux qui m'ont vu naître, tous ceux auxquels m'attachèrent des fonctions dans les hiérarchies ecclésiastique et politique, se retracent avec un vif intérêt à ma pensée; et tant qu'il me restera un souffle de vie, en me rappelant la Meurthe et l'Isère, une douce et tendre émotion agitera mon cœur.

GRÉGOIRE, A. E. D. B.

Paris, premier janvier 1820.

www.ingramcontent.com/pod-product-compliance
Lightning Source LLC
Chambersburg PA
CBHW071413030726
47594CB00006B/2426